고정욱이 들려주는

역사
한 장면 ①

일러두기

1. 이 책은 〈개똥이네 놀이터〉 '우리 역사 한 장면'에서 다룬 여러 한국사 주제 가운데 건국에 관련된 세 개의 이야기를 엮었습니다.
2. 한국사의 주요 사건을 고정욱 선생님이 이야기 형식으로 구성해 어린이들이 재미있게 읽도록 했습니다.
3. 이야기가 끝나면 관련 역사 정보를 알고 독후 활동을 할 수 있게 구성했습니다.

고정욱이 들려주는

역사 한 장면 ①

나라의 탄생

고정욱 글 | 김주경 그림

보리

작가의 말

더 나은 세상을 바라며 새 나라를 세우다

여러분은 역사에 관심이 있나요? 지금의 대한민국이 있기까지, 우리나라에는 멋진 나라들이 있었답니다. 많은 나라가 태어나고 사라졌지요.

이 책에서는 그 가운데 특별한 세 나라 이야기를 들려줄 거예요.

첫 번째는 '발해'라는 나라예요. 고구려가 사라진 뒤, 그 정신을 이어받아 대조영이 백두산에서 3백 리쯤 떨어진 동모산에 새롭게 세운 나라죠. 중국에서는 발해를 해동성국, '동쪽의 성스러운 나라'라고 불렀어요. 두 번째는 '고려'입니다. 고려는 어떻게 탄생했을까요? 고려를 세우는데 어떤 멋진 인물이 활약했을까요? 왕건은 고려를 세우고 후삼국을 통일한 매력적인 인물이죠. 마지막으로 '조선'의 탄생에 관한 이야기예요. 위화도에서 벌어진 놀라운 사건이 조선을 만들었어요. 신궁 이성계의 결단을 볼 수 있죠.

나라의 이야기를 들려준다고 긴장하지는 마세요. 이 책은 딱딱한 역사책이 아니랍니다. 마치 옛이야기를 듣듯 어린이 독자가 흥미진진하게 읽도록 썼어요.

이 책에는 많은 인물이 나와요. 힘센 장군도 나오고, 나라를 세운 왕도 나오죠. 그렇다고 역사 속에서 왕이나 장군만이 중요한 역할을 하는 것은 아니에요. 나라는 평범한 사람의 힘이 모여 만들어지니까요.

여러분은 한국사에서 어떤 인물이 가장 멋있나요? 나라를 위해 싸운 장군? 지혜롭고 현명한 왕? 아니면 묵묵히 나라를 지킨 백성들?

이 책을 읽다 보면, 옛사람들이 어떤 생각을 하며 살았는지 알 수 있어요. 그리고 지금 우리가 사는 세상이 어떻게 만들어졌는지도 배울 수 있죠. 과거를 알면 미래를 더 잘 준비할 수 있어요. 역사에는 우리가 배워야 할 것들이 가득하거든요!

'역사는 어렵다'고 생각하나요? 이 책을 다 읽고 나면 '역사는 어렵다'는 생각이 감쪽같이 사라질 거예요. 더 나은 세상을 바라며 새 나라를 세웠던 인물들의 이야기 속으로 나와 함께 들어가 보세요.

2025년 새봄, 북한산 기슭에서 **고정욱**

차례

작가의 말 · 4

고구려 정신 이은 발해의 탄생

대조영, 당나라를 물리치다 · 12

발해 건국 이모저모-해동성국이라 불린 나라의 시작 · 26

되새기기 · 34

생각 쓰기 · 36

후삼국을 통일한 고려

왕건, 궁예를 몰아내고 임금이 되다 · 42

고려 건국 이모저모-후고구려 장수가 고려를 세우기까지 · 56

되새기기 · 64

생각 쓰기 · 66

조선 건국의 시작 위화도 회군

이성계, 말머리를 돌리다 · 72

조선 건국 이모저모-고려의 운명이 바뀐 순간 · 86

되새기기 · 94

생각 쓰기 · 96

되새기기 정답 · 99

고구려 정신 이은 발해의 탄생

발해 건국(698년)
고구려가 나당연합군(신라와 당나라)의 공격으로 망하게 되자 고구려인들은 이곳저곳 떠돌아다니며 살아가. 당나라 땅 영주에서도 많이 살았는데. 당나라의 억압과 폭력에 시달렸지. 이때 영주에 살던 고구려인 대조영이 천문령에서 당나라에 맞서 싸워 크게 이겨. 그리고 698년 발해를 세우지.

▶ 역사 한 장면

천문령 전투

"결국 우리가 이길 것이다!"
당나라군을 향한 대조영의 외침이
골짜기 곳곳으로 울려 퍼졌어.

대조영, 당나라를 물리치다

대조영과 군사들은 무너져 내릴 듯 가파르고 깊은 천문령 골짜기 곳곳에 숨어 있었어.

"저들은 우리가 숨어 있는 것을 모른 채 골짜기로 들어올 것이다. 물러날 곳은 없다!"

한편 당나라군은 천문령에 들어선 뒤 길을 잃고 헤맸어. 가파른 절벽이 많고 길이 복잡하게 얽혀 있어 골짜기를 빠져나가기도 어려웠지. 그때, 대조영의 군사들이 절벽 곳곳에서 나타났다가 사라지며 화살을 쏘아 대기 시작했어.

"결국 우리가 이길 것이다!"

대조영의 쩌렁쩌렁한 외침이 골짜기에 울려 퍼졌어.

가파른 골짜기에서 벌어진 전투

"장군! 당나라군이 천문령 둘레로 오고 있습니다."

어느 추운 겨울이었어. 산꼭대기에 올라 당나라군의 움직임을 살피고 돌아온 장수가 대조영에게 이야기했어. 대조영과 군사들은 금방이라도 무너져 내릴 듯 가파르고 깊은 천문령 골짜기 곳곳에 숨어 있었지. 적에게 들킬까 봐 발소리조차 제대로 낼 수 없었어.

"어떡하면 좋겠습니까? 저들은 우리와 견줄 수 없을 만큼 어마어마하게 많습니다."

장수는 떨리는 목소리로 말했어. 끝이 보이지 않을 만큼 많은 당나라군이 오고 있다는 장수의 말에도 대조영은 흔들리지 않았지.

"걱정하지 마라. 저들은 우리를 따라잡기 위해 먼 길을 쉬지 않고 달려왔다. 며칠 전부터 천문령 골짜기에서 치밀하게 준비하며 기다린 우리 군사들이 결코 만만치 않을 것이다."

군사들은 대조영의 말에 고개를 끄덕였어. 곧 시작될 전투에서 대조영은 오래 간직한 뜻을 이룰 수도 있었고, 비참하게 죽을 수도 있었지. 앞날이 어떻든 당나라군과 싸우려면 그 어느 때보다 강해져야 했어.

"당나라군이 이곳으로 들어오고 있다. 바로 지금이다! 배수진*을 치자. 물러날 곳은 없다!"

군사들은 배수진을 치고 당나라군이 골짜기에 들어서길 숨죽여 기다렸어. 모두의 목숨이 달린 전쟁이니 앞만 보고 싸우겠다는 거였지.

이때 대조영을 쫓아 군사를 몰고 온 당나라 장군 이해고는 험준한 천문령을 보고도 자신만만했어. 아무 준비도 하지 않고 군사들을 거침없이 골짜기로 이끌었지.

"대조영은 곧 내 손에 죽을 것이다."

그런데 천문령에 들어서고 얼마 되지 않아 당나라 군사들은 길을 잃고 헤매기 시작했어. 가파른 절벽이 많아 말이 다니기 힘들었을 뿐 아니라, 길이 워낙 복잡하게 얽혀 있어 되돌아

---

* 배수진: 더 물러설 수 없게 강이나 바다를 등지고 치는 진. 목적을 이루려고 온 힘을 다하는 태도를 빗대어 이르는 말.

나가기도 어려웠거든. 이해고는 천문령에 들어선 것을 후회했지만, 이제 와서 자기 뜻을 꺾을 수 없었어.

이해고와 함께 군사를 이끄는 장수 하나가 그에게 다가가 간절히 부탁했지.

"장군! 먼 길을 쉼 없이 달린 군사들에게 이곳은 매우 위험합니다. 골짜기에서 물러나 군사들이 다시 기운을 북돋울 수 있게 해 주십시오."

"시끄럽다! 계속 앞으로 가라!"

이해고가 장수의 말을 무시하고 고개를 돌린 순간, 등 뒤에서 화살이 날아와 이해고 옆에 있던 장수를 맞혔어. 수많은 절벽에 앞이 가로막혀 화살이 어디서 날아오는지 알 수 없었지. 숨어 있던 대조영의 군사들이 재빠르게 나타났다 사라지며 화살을 쏘아대기 시작한 거야. 게다가 산꼭대기에서부터 시작된 눈더미 같은 산사태가 당나라군을 덮쳤어.

"결국 우리가 이길 것이다!"

대조영의 매서운 외침이 하늘에 쩌렁쩌렁 울려 퍼졌어. 이해고는 대조영에게 맞서지 못하고 헐레벌떡 달아나기 바빴어.

때를 기다려 힘을 합치다

대조영과 그의 아버지 걸걸중상은 본래 고구려 백성이었어. 신라와 당나라가 힘을 합쳐 고구려를 무너뜨린 뒤에 당나라 도시 가운데 한 곳인 영주에서 살았지. 영주는 위로는 만리장성이 길게 뻗어 있고 오른쪽으로는 드넓은 요하강이 흘러. 당나라 땅으로 들어가려면 영주를 지나야 했지. 당나라는 고구려가 다시 일어서지 못하게 수많은 고구려 사람을 영주로 데려와 관리했어.

영주에는 거란족, 돌궐족, 말갈족처럼 당나라와 고구려가 다스리던 민족들이 뒤엉켜 지냈어. 영주에 모인 민족들은 별일이 없어도 서로 미워하며 으르렁댔어.

"고구려 거지들이 감히 우리를 넘봐?"

"돌궐족 오랑캐들이 커다란 땅을 호령했던 고구려 사람들을 깔보다니!"

당나라는 영주에 군사를 보내 이들을 엄하게 대했어. 두려움에 떨며 당나라 뜻에 따르도록 만들었지.

걸걸중상과 그의 아들 대조영은 영주에서 고구려 사람들과 모여 마을을 이루고 살았어. 대조영은 어려서부터 당나라에 짓눌려 살아가는 것이 싫었어. 고구려의 강한 정신을 이어 큰 뜻을 펼치고 싶었거든.

"아버지, 우리가 언제까지 당나라 놈들에게 버러지만도 못한 대접을 받아야 합니까?"

"아들아, 우리에겐 힘이 없으니 어쩔 수 없지 않느냐."

걸걸중상은 걱정스럽게 대조영을 바라보았어. 그는 대조영의 남다른 힘과 번뜩이는 지혜를 일찍부터 알아보았지만, 그로 인해 당나라군에게 죽게 될까 봐 두려웠어. 대조영은 눈을 반짝이며 확신에 찬 목소리로 걸걸중상에게 말했어.

"언젠가 때는 옵니다. 다른 민족과 힘을 합한다면 당나라를 떨쳐 낼 수 있습니다."

그때 걸걸중상은 영주에서 거란족들이 모여 사는 곳으로 들어가 대사리라고 부르는 장수로 활동하고 있었어. 고구려 귀족이었던 걸걸중상을 거란족이 불러들인 거야. 고구려가 넓은 땅을 다스리며 세력을 떨쳤던 것을 알고 있었으니 자기편으로 만들려고 했지. 거란족뿐 아니라 고구려 사람들도 용맹하고 능력 있는 걸걸중상을 믿고 따랐어.

시간이 흐를수록 영주에 사는 민족들은 서로 어울려 지냈어. 한 도시에 모여 살며 당나라를 하나의 적으로 두고 있으니 친해지기 쉬웠지. 걸걸중상과 대조영은 말갈족 우두머리인 걸사비우와 가깝게 지냈어.

"언제까지 우리가 당나라에게 고통받아야 하오?"

"당나라 놈들을 쓸어버려야 하는데."

사람들은 모일 때마다 당나라를 욕했어. 영주에 모인 민족들이 당나라를 미워하자, 당나라는 고구려 사람들과 말갈족 사이를 갈라놓으려고 했어.

"고구려는 너희를 짓밟겠다는 꿍꿍이를 꾸미고 있다."

"말갈족이 고구려 사람들을 다 죽일 것이다."

하지만 아무리 갖은 수를 써도 민족들 사이는 갈라지지 않았지. 당나라는 영주의 민족들이 어느 날 힘을 합쳐 자기들을 공격할지도 모른다고 생각했어. 그래서 영주를 다스릴 새로운 우두머리 조문홰를 보냈어. 조문홰는 이전 그 어느 우두머리와 견줄 수 없을 정도로 사람들을 모질게 다스렸어. 마구잡이로 채찍을 휘둘러서 거리 곳곳에 피 흘리며 쓰러지는 사람들이 넘쳐났지.

결국 조문홰를 견디지 못한 거란족이 전쟁을 일으켰어. 걸걸중상과 걸사비우도 손잡고 군사를 만들어 당나라에 맞서기로 마음먹었지. 대조영이 걸걸중상에게 언젠가 당나라를 떨쳐 낼 때가 올 거라고 했잖아. 바로 그때가 시작된 거야.

새 나라를 세운 대조영

"영주에서 전쟁이 일어나 조문홰가 죽었다고? 당장 가서 한 놈도 빠짐없이 쓸어버려라."

당나라 임금 측천무후는 영주에서 벌어진 일을 듣고 고구려와 말갈의 군사들을 잡기 위해 토벌군을 보냈어. 그런데 고구려와 말갈뿐 아니라 거란족도 함께 당나라를 공격했기 때문에 토벌군은 좀처럼 반란군이 일으킨 전쟁을 잠재우지 못했어.

당나라가 헤매는 사이 고구려와 말갈의 군사들은 당나라 유주까지 차지했지. 거란족이 당나라 서쪽에서 싸우는 동안 동쪽에서 세력을 넓힌 거야.

전쟁이 계속되면서 걸걸중상과 걸사비우는 죽음을 맞았어. 대조영은 눈물을 흘릴 새도 없이 새로운 우두머리가 되어 군사를 이끌기 위해 다시 전쟁터로 나갔지. 당나라에게 고통받던 일을 떠올리며 당당히 앞장섰어. 오랜 시간 가슴 속에 다져온 당나라를 물리치겠다는 뜻을 이루어야 했으니까.

그러나 매서운 겨울이 찾아오고 전쟁이 길어지자 사람뿐 아니라 군사들과 함께 한 말들도 먹을 것이 없어 지쳐 갔어. 대조영의 군사들이 추위와 굶주림에 시달린다는 걸 알고 측천무후는 크게 비웃었어. 대조영을 잡기 위해 장군 이해고를 우두머리로 내세워 군사를 내보냈지. 이번에야말로 대조영을 없애고 여러 민족을 확실히 다스리려고 했어.

측천무후는 이해고를 불러 단단히 일렀어.
"반란군을 모조리 짓밟아라!"
대조영의 군사들보다 몇 배 더 많은 당나라군이 반란군을 뒤쫓아 왔어. 대조영은 천문령 까마득한 절벽들을 둘러보다 지혜를 발휘했지. 먼저 군사들을 천문령 골짜기 곳곳에 숨겼어. 적들을 골짜기에 가두면 적은 수의 군사로도 당나라와 싸워 이길 수 있으리라고 생각한 거야.
"장군! 대조영이 나타났습니다!"
한 군사가 다급하게 이해고에게 상황을 알렸지만 때는 이미 늦었지. 당나라군은 천문령 골짜기에 갇혀 대조영의 거센 공격을 맞받아치지 못하고 힘없이 쓰러졌어. 대조영의 군사들이 정말 죽기 살기로 덤볐거든. 이길 수 없다는 걸 알아챈 이해고는 누구보다 빠르게 그곳에서 빠져나와 도망쳤어.
"장군, 어서 가십시오!"
거의 모든 군사가 죽고, 이해고는 간신히 숲속으로 달아났어. 당나라군이 다 물러간 뒤 대조영과 군사들은 만세를 외쳤어. 이 전투로 대조영을 따르는 이들이 더 많아지고, 대조영은 새 나라를 세우겠다는 뜻에 가까워질 수 있었어.

대조영은 군사들을 이끌고 힘차게 앞으로 나아갔지. 마침내 백두산에서 3백 리쯤 떨어진 동모산 언저리에 멈춰 섰어. 그리고 그곳을 수도로 정하여 나라를 세웠지. 698년, 고구려가 망하고 딱 서른 해가 되던 해였어. 발해의 역사가 시작된 거야.

발해 건국 이모저모

왜 고구려 정신을 이은 나라를 세웠을까?
발해 탄생의 역사는 당나라에서 억압받으며 살아가야 했던 고구려 유민의 이야기에서부터 시작돼. 발해 건국의 이모저모를 살펴보자.

#발해 탄생의 역사

▍해동성국이라 불린 나라의 시작

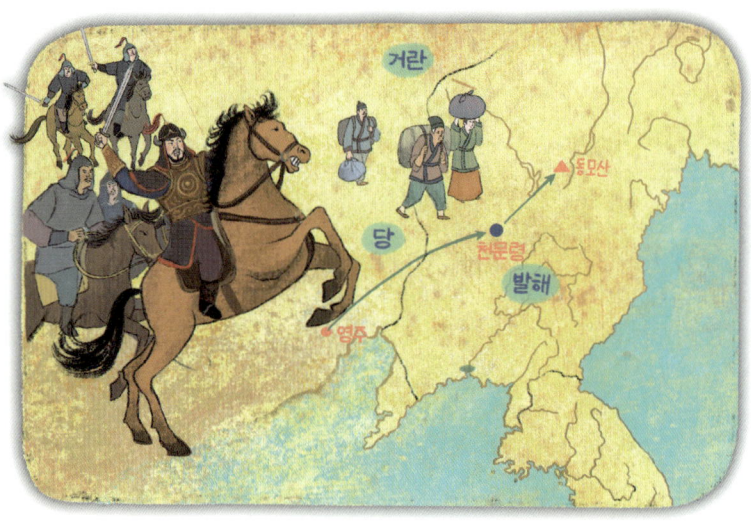

발해는 '동쪽의 성스러운 나라'라는 뜻으로
해동성국이라고도 불렸어. 통일 신라와 함께 남북국 시대를 이루며
지금의 한반도, 중국, 러시아가 있는 곳까지 땅을 넓혔지.
당나라에서 억압받으며 살아가던 고구려 유민 대조영.
어떻게 고구려 정신을 이어받아 새 나라 발해를 세웠을까?

나라 잃은 백성들 | 고구려 유민

전쟁이나 재난으로 삶의 터전을 잃은 사람들을 난민, 없어진 나라의 백성들은 유민이라고 해. 한 나라가 망하면 수많은 난민과 유민이 생겨. 위험해진 고향을 떠나 조금이라도 안전한 곳으로 옮겨 가니, 자연스레 집과 식구를 잃고 떠나보내는 일이 생기지. 고구려가 나당연합군(신라와 당나라)의 공격을 받아 망하게 되자 수많은 고구려 유민이 생겼어.

대조영도 고구려 유민이었지. 당나라는 고구려 유민들을 고향 땅에 살게 두지 않고 당나라 도시 가운데 하나인 영주로 보냈어. 고구려 유민들이 힘을 모아 당나라를 공격해 올지도 모르니까 뿔뿔이 흩어지도록 했지. 고구려 유민들은 영주에서 마을을 이루어 살았어.

고구려 정신 이은 나라 | 발해

고구려 정신을 이은 발해에는 고구려 유민뿐 아니라 말갈족, 거란족처럼 다양한 민족이 살았어. 모두 고구려가 망하기 전 고구려에서 두루 다스리고 관계를 맺었던 민족이야.

발해 임금과 귀족들은 거의 대 씨나 고 씨 성을 쓰는 고구려 유민들이었지만, 말갈족이나 거란족을 얕보거나 괴롭히지 않고 존중해 주었어. 발해를 세우기 전부터 영주에서 오랫동안 함께 살았기 때문에 말과 문화가 많이 비슷해져서 민족을 굳이 나눌 필요도 없었지.

발해는 둘레 나라에게 고구려 정신을 이었음을 알리고 나라를 강하게 만들기 위해 다양한 일을 해 나갔어. 대조영은 옛 고구려 땅을 많이 되찾아 왔지. 대조영이 죽은 뒤 붙여진 '고왕'이라는 이름도 '고구려 왕'이라는 뜻이야.

대조영에게 뜻을 물려준 두 인물 | 걸걸중상, 걸사비우

걸걸중상은 대조영의 아버지로 원래 고구려 귀족이었어. 걸사비우는 말갈족 우두머리로 걸걸중상과 함께 발해를 세우는 데 큰 힘을 실었어.

두 사람은 영주에서 당나라의 차별과 폭력에 늘 억눌려 살았어. 그러다 영주를 다스리던 조문홰가 거란족에게 죽은 틈을 타 고구려와 말갈 유민들을 이끌고 당나라에서 나왔어. 옛 고구려 땅이었던 동쪽으로 향했지.

걸걸중상과 걸사비우는 전쟁을 일으키지 않으면 벼슬을 주겠다는 당나라의 제안을 거절했어. 두 사람은 천문령 전투가 있기 전 다른 전쟁터에서 죽었기 때문에 발해가 세워지는 걸 보지 못했어. 두 사람이 죽은 뒤 대조영이 반란군의 우두머리가 되었지.

깊고 험한 골짜기에서 벌어진 전투 | 천문령 전투

대조영이 이끄는 군사가 천문령 골짜기에서 당나라와 싸워 크게 이겨. 천문령 전투는 걸걸중상과 걸사비우가 죽은 뒤 대조영이 군사들의 우두머리로 있었을 때 벌어졌지.

거란이 먼저 당나라에 맞서자 당나라는 고구려 유민과 말갈족이 거란족에게 힘을 보탤 수 있겠다는 생각에 이들을 또다시 다른 곳으로 옮기려고 했어. 하지만 고구려 유민과 말갈족은 당나라의 명령에 따르지 않고 군사를 만들어 전쟁을 일으켰어.

당나라 임금 측천무후가 대조영의 군사들을 잡기 위해 이해고를 보내면서 전투는 시작되었지. 천문령 전투에서 이긴 뒤, 흩어져 살았던 고구려 유민과 말갈인들이 대조영에게로 많이 모여들었어.

고구려 유민과 함께 당나라에 맞선 민족 | 말갈족

말갈족은 6~7세기에 만주 북동부와 한반도 북부에서 수를 늘린 민족이야. 만주와 한반도 위쪽에서 살고 있었지. 넓은 들판에 동물을 풀어놓고 키우며 생활했기 때문에 풀이 많은 곳을 찾아다니며 살았어. 말갈족은 여러 작은 부족으로 이루어져 있어서 한 명의 임금이 백성들을 다스리는 것이 아니라 부족마다 우두머리가 있었어.

　대조영은 고구려 백성이었지만 조상 가운데 말갈족도 있었어. 그래서 말갈족과 힘을 합쳐 당나라에 맞서기로 마음먹지. 걸사비우 같은 말갈족 우두머리도 대조영의 뜻에 힘을 보탰고 말이야. 말갈족은 고구려, 발해, 당나라처럼 둘레 여러 나라와 문화를 나누다 다른 민족과 나라에 들어가며 저마다 흩어졌어.

온 힘을 다해 싸우는 전법 | 배수진

'배수진을 치다'라는 말 들어 봤어? 배수진은 전쟁에서 쓰는 여러 전법 가운데 하나로 '더 물러설 수 없게 강이나 바다를 등지고 진을 친다'는 뜻이야. 전투를 앞두고 달아날 수 있는 길을 스스로 끊는 거지. 어디로도 달아날 수 없는 군사들은 오직 앞만 보고 온 힘을 다해 싸우게 되거든.

　대조영과 군사들은 배수진을 치는 마음으로 싸웠어. 몇 배나 차이 나는 당나라 군사에 맞서 싸우려면 목숨을 건다는 각오가 필요했지.

　오래전 중국의 한신 장군이 배수진을 써 조나라를 크게 이긴 일이 널리 알려지면서 전쟁에서 싸우는 한 방법이 되었어. 그러다 관용 표현으로까지 쓰게 되었지. 요즘은 '목적을 이루려고 온 힘을 다하는 태도'를 빗대어 배수진을 친다고 표현하기도 해.

고정욱 선생님과 함께 생각해 보아요

• 폭력에 맞서는 용기 •

대조영은 당나라에게 부당하고 부조리한 일을 당하는 고구려 유민과 거란족, 돌궐족, 말갈족 들의 모습을 오랜 시간 지켜보며 새 나라를 세울 계획을 세워. 그리고 자신이 계획한 일들을 실행할 수 있는 조건이 어느 정도 갖추어졌을 때 용감하게 당나라에서 벗어나 앞으로 나아가지.

대조영에게 용기가 없었다면 어땠을까?

고구려 유민과 다양한 민족은 당나라에 머물며 끝이 보이지 않는 힘겨운 시간을 보냈을지도 몰라. 고구려 정신을 이은 나라 발해를 우리 역사에서 찾아보지 못했을 수도 있지. 대조영에게도 용기 내는 일은 쉽지 않았을 거야. 그때 당나라는 힘세고 거대했으니 잘못 건드렸다가는 목숨이 위태로웠을 테니까. 대조영은 목숨을 걸고 용기를 낸 거야.

무언가 잘못됐을 때 용기 내 고쳐나가는 것이 중요해. 역사는 더 나은 세상을 꿈꾸며 용기 낸 사람들에 의해 가꿔지고 달라졌으니까.

#역사 한 장면_되새기기

풀어 봐! 맞혀 봐!

발해 건국 이야기 잘 들었어?
얼마나 귀 기울여 들었는지 문제를 풀면서 확인해 볼까?

1. 고구려가 망하고 생긴 수많은 유민이 이 나라에서 살았어.
   고구려 유민을 끊임없이 괴롭힌 이 나라는 어디일까? (　　　　)

   ① 명나라　　　　　　　　　　② 청나라
   ③ 당나라　　　　　　　　　　④ 원나라

2. 괄호 안에 들어갈 두 사람의 이름을 적어 봐. (㉠　　　　, ㉡　　　　)

   (㉠)은 대조영의 아버지로 원래 고구려 귀족이었어.
   (㉡)은 말갈족의 우두머리로 대조영이 발해를 세우는 데 큰 힘을 실어 주었어. (㉠)과 (㉡)는 천문령 전투 이전에 죽었기 때문에 발해가 세워지는 것을 보지 못했어.

3. 다음 중 틀린 설명 하나는 무엇일까? (   )

   ① 대조영은 신라의 정신을 이어받아 발해를 세웠어.
   ② '배수진을 치다'는 온 힘을 다하여 싸운다는 뜻이야.
   ③ 말갈족은 6~7세기에 만주 북동부와 한반도 북부에서 수를 늘렸어.
   ④ 발해는 '동쪽의 성스러운 나라'라는 뜻의 '해동성국'이라고도 불렸어.

4. 다음에서 설명하는 전투는 무엇일까? (   )

   - 대조영의 군사가 험준한 골짜기에서 당나라와 싸워 크게 이긴 전투야.
   - 당나라 임금 측천무후가 대조영의 군사들을 잡기 위해 장군 이해고를 보내면서 전투는 시작돼.

5. 뜻에 맞는 낱말을 찾아서 바르게 이어 봐.

   ① 없어진 나라의 백성들 · · ㉠ 발해
   ② 죽은 뒤 '고왕'이라는 이름으로 불렸던 사람 · · ㉡ 유민
   ③ 698년 대조영이 동모산 언저리에 세운 나라 · · ㉢ 이해고
   ④ 천문령 전투에서 대조영에게 진 당나라 장군 · · ㉣ 대조영

   *정답은 99쪽에

#역사 한 장면_생각 쓰기

1. 아래 글을 읽고 내가 대조영이라면 걸걸중상에게 어떻게 대답했을지 적어 봐. 그렇게 대답한 까닭도 함께 적어 줘.

> 대조영은 어려서부터 당나라에 짓눌려 살아가는 것이 싫었어.
> "아버지, 우리가 언제까지 당나라 놈들에게 버러지만도 못한 대접을 받아야 합니까?"
> "아들아, 우리에겐 힘이 없으니 어쩔 수 없지 않느냐."
> 걸걸중상은 대조영의 남다른 힘과 번뜩이는 지혜를 알아보았지만, 당나라에 의해 죽게 될까 봐 두려웠어. 대조영은 눈을 반짝이며 말했어.

"_____

_____

_____"

그렇게 대답한 까닭

2. 발해 건국 이야기에서 가장 기억에 남는 장면을 골라서 적어 봐.
그 장면을 고른 까닭도 함께 적어 줘.

가장 기억에 남는 장면

그 장면을 고른 까닭

후삼국을 통일한 고려

고려 건국(918년)
9세기 말부터 10세기 초까지 한반도에 후삼국 시대가 들어서. 궁예는 후고구려를 세우고 권력을 얻으려 했지만, 임금이 되자마자 신하와 백성들을 못살게 굴었어. 보다 못한 왕건이 궁예를 내쫓은 뒤 나라 이름을 고려로 고치고 여러 제도를 만들어.

▶ 역사 한 장면

왕건의 반란

"당장 갑옷을 입고 나가십시오!"
왕건의 부인과 장수들이
갑옷을 입는 왕건을 지켜보았어.

왕건, 궁예를 몰아내고 임금이 되다

"당신을 새로운 임금으로 모시겠다고 마음먹었습니다."
그 말에 왕건은 고개를 저었어.
"나는 임금이 될 자격이 없소. 모시고 있는 임금을 어찌 끌어내릴 수 있단 말이오?"

"백성을 못살게 하는 임금을 몰아내는 일은 예부터 있었습니다. 대체 무엇을 망설이십니까? 당장 갑옷을 입고 나가십시오!"

왕건의 부인이 나타나 말했어. 장수들은 고개를 끄덕이며 갑옷을 갖춰 입는 왕건을 지켜보았어.

궁예를 내쫓기로 결심하다

"부인, 집에 들어오다 보니 텃밭에 참외가 잘 익었더군요. 몇 개만 맛볼 수 있겠습니까?"

918년 초여름, 왕건의 집에 모인 손님들이 부인에게 말했어. 참외를 따오라는 말은 자기들끼리 비밀 이야기를 하겠다는 뜻이었지.

"알겠습니다. 제가 다녀오지요."

부인은 그 말의 속뜻을 바로 알아채고 사랑방에서 나왔어. 사랑방에 모인 홍유, 배현경, 신숭겸, 복지겸은 남편인 왕건과 가까이 지내는 장수들이었지만, 집까지 찾아오는 일은 드물었어.

'분명 중요한 일을 계획하려는 게야.'

부인은 왕건과 장수들이 어떤 이야기를 하는지 궁금했어. 그래서 밖으로 나온 뒤 살그머니 북쪽 창문을 열고 방 안으로 들어갔어. 길게 쳐진 휘장 덕분에 들키지 않고 이야기를 엿들을 수 있었지. 장수들이 남편 왕건을 설득하고 있었어.

"장수께서 나설 때입니다."

"맞습니다. 지금 임금의 자리에 있는 궁예는 백성을 힘들게 하여 나라를 망치고 있습니다."

후고구려를 세우고 첫 번째 임금이 된 궁예는 스스로를 부처님이라고 부르며 자기가 사람의 마음을 꿰뚫어 보는 능력이 있다고 우겼어. 그리고는 잘못이 없는 신하와 백성에게 마구잡이로 죄를 뒤집어 씌우고 벌을 내렸지. 날이 갈수록 백성의 생활은 어려워지고, 신하들도 궁예의 손에 갑자기 죽을까 봐 바른 말을 올리지 못한 채 두려워했어.

"우리는 당신을 이 나라의 새로운 임금으로 모시겠다고 마음먹었습니다."

그러나 왕건은 고개를 저었어.

"나는 임금이 될 자격이 없소. 어찌 모시고 있는 임금을 내 손으로 끌어내릴 수 있단 말입니까? 나는 못 하오."

왕건은 아무리 나쁜 임금이어도, 신하가 임금을 거스를 수는 없다고 했지. 장수들과 왕건의 실랑이가 한참 이어졌어. 부인은 남편이 장수들의 뜻을 받아들이지 않아 답답했어. 결국 참지 못하고 휘장을 걷고 불쑥 나서며 외쳤지.

"당신은 잘못 생각하고 있습니다!"

방 안에 있던 왕건과 장수들은 깜짝 놀랐어. 임금을 배신하겠다는 계획을 들킨 거나 다름없었으니 말이야. 왕건은 부인에게 물었어.

"아니, 부인! 어디에서 이야기를 듣고 나타난 것이오?"

부인은 왕건의 호통에도 아랑곳하지 않고 가슴 속에 담아 두었던 말을 쏟아 냈어.

"큰 뜻을 이루기 위해 백성들을 못살게 구는 임금을 몰아내는 일은 예부터 있었습니다. 장군들의 말씀을 들어 보니 저도 참을 수 없습니다. 당신은 대체 무엇을 망설이고 있습니까? 당장 갑옷을 입고 나가십시오!"

부인은 오랜 시간 꺼내지 않았던 갑옷을 가져다 왕건에게 입혔어. 장수들은 고개를 끄덕이며 부인을 지켜보았지. 갑옷을 다 입은 왕건을 바라보며 장수들이 말했어.

"저희들이 끝까지 함께하겠습니다."

왕건은 부인과 장수들에게서 나라와 백성을 위하는 굳은 마음을 느꼈어. 임금인 궁예를 쫓아내고 싶지 않았지만 어리석은 임금 때문에 백성들이 고통받는 걸 누구보다 잘 알고 있어서 더는 모르는 척할 수 없었지.

갑옷을 갖추어 입은 왕건은 장수들과 함께 집을 떠났어. 궁예를 임금의 자리에서 끌어내리고, 새로운 나라를 세우기로 마음먹은 거야.

큰일을 이룰 아이

장수들이 왕건을 새로운 임금으로 삼으려고 힘쓴 데에는 까닭이 있었어.

왕건의 할아버지인 작제건이 당나라 황제의 아들이며, 용왕의 딸과 결혼하여 왕건의 아버지인 왕륭을 낳았다는 이야기가 전해졌거든. 고귀한 집안에서 태어난 왕건은 임금이 될 자격이 충분하다고 여긴 거지.

왕륭은 몸집이 크고 마음이 넓었어. 또 지방 호족들의 강한 힘으로 혼란스러운 한반도를 통일하겠다는 꿈을 가지고 있었어.

"여러 세력으로 갈라진 한반도를 다시 합쳐야 우리 민족이 힘을 기를 수 있다. 내가 그 꿈을 이루지 못한다면 내 아들에게 물려주겠다."

왕륭의 아들인 왕건은 탄생부터 남달랐어. 어느 날 왕륭에게 낯선 사람이 찾아왔어.

"계십니까? 공에게 긴히 드릴 말씀이 있소."

"누구십니까?"

"나는 도선이라는 승려입니다. 풍수*를 좀 볼 줄 압니다."

왕륭은 한눈에 도선이 특별하다는 걸 알아보고 집 안으로 모셔 와서 정성껏 대접했어.

"부디 좋은 말씀을 해 주십시오."

"북쪽을 향해 집을 지으면 슬기로운 아들이 태어나 장차 자라서 큰일을 할 것입니다."

"스님의 뜻에 따르겠습니다."

왕륭이 도선의 말에 따라 집을 짓자 정말로 아들이 태어났는데, 이 아이가 왕건이었어. 왕건은 어려서부터 열심히 학문을 익히고 무술을 연습하며 큰 인물이 될 자질을 보였지.

'건이는 분명 큰 뜻을 이룰 것이니, 능력을 키워 줄 좋은 스승을 만나게 해야겠다.'

왕건이 열일곱 살이 되고, 왕륭이 아들의 스승을 찾고 있을 때 도선이 다시 나타났어.

* 풍수: 집이나 무덤 같은 것의 위치나 땅 모양이 사람에게 복을 가져오거나 화를 불러온다는 이론.

"좋은 아들을 얻으셨군요."

"스님, 기다렸습니다."

왕륭은 버선발로 달려 나가 도선을 맞이했어.

"아드님이 세상 이치를 알 만한 나이가 되었으니 제가 직접 가르쳐 줄 것이 있습니다."

도선은 왕건의 스승이 되어 군사를 다스리고 적과 싸우는 방법을 가르쳤어. 어른이 된 왕건의 슬기와 힘은 남달랐지. 왕건을 따르고자 하는 사람들도 해마다 늘어났어.

왕륭은 지금의 개성인 송악이라는 곳을 다스리는 지도자였어. 바닷길을 이용한 무역으로 번 돈을 혼자 차지하지 않고 송악이 클 수 있도록 나누었지. 그러다 승려 생활을 하며 세력을 키우고 있었던 궁예를 만나 함께 나라를 통일하자는 계획을 세웠어.

"그대와 동맹을 맺으니 든든합니다."

궁예의 말에 왕륭도 거들었어.

"저의 재력과 그대의 군사력이 합해진다면 세상을 다스릴 힘이 될 것입니다."

궁예는 신라에서 벗어나 새로운 나라를 세웠어. 원래 고구려 영토였던, 지금의 강원도와 경기도가 있는 곳을 중심으로 세력을 키웠기 때문에 나라 이름을 후고구려라고 지었지. 그러다 고구려를 뛰어넘는 더 큰 나라를 만들겠다는 생각으로 나라 이름을 마진으로 바꾸고 수도를 철원으로 옮겼어.

왕륭이 죽은 뒤에도 왕건은 궁예를 도와 나라를 키워 나갔어. 후백제의 중요한 무역 중심지인 지금의 전남 나주를 공격

해 바닷길을 빼앗아 왔지. 궁예는 왕륭의 아들인 왕건을 굳게 믿고 점점 더 중요한 일들을 맡겼어.

그러나 시간이 흐를수록 궁예는 이상하게 변했어. 신하들과 백성들을 괴롭히면서 서서히 힘을 잃었어. 백성의 생활을 돌보지 않으니 따르는 사람들이 그에게서 등을 돌릴 수밖에 없었지. 왕건이 오랜 시간 믿고 따른 궁예를 저버린 것도 나라를 바로잡기 위해서였어.

새 나라의 임금이 된 왕건

"뭐라고? 왕건이 반란을 일으켰다고?"

왕건이 궁궐로 쳐들어오고 있다는 소식을 듣고 궁예는 벌컥 화를 내며 자리에서 일어났어. 그가 입은 황금색 곤룡포가 위태롭게 흔들렸지.

"군사들을 몰고 이곳으로 오고 있답니다."

"반란자를 절대 용서할 수 없다. 다들 나서라! 누가 왕건과 싸우겠느냐?"

궁예가 신하들을 둘러보며 소리쳤지만 아무도 꼼짝하지 않았어. 한참 뒤에 어느 신하가 조심스레 말했어.

"모두 왕건의 편으로 갔습니다."

궁예는 주먹을 쥐고 발을 구르며 분통을 터트렸어. 자기가 그동안 신하들을 까닭 없이 의심하고 마음대로 죽이고 벌주었던 일은 까맣게 잊은 듯했지.

"분하다. 내가 왕건에게 너무 많은 권력을 주었구나. 나를 배신할 자를 믿었다니!"

그대로 있다가는 잡혀 죽을 게 뻔했어. 자리를 박차고 달아나는 궁예를 아무도 돕지도, 숨겨 주지도 않았어. 궁예는 결국 오래 버티지 못했어. 깊은 산속으로 달아나다가 나쁜 임금을 벌주려고 벼르고 있던 백성들에게 들켜 죽고 말았지.

왕건은 쉽게 궁궐을 차지할 수 있었어.

"백성 모두가 간절히 바랍니다. 새 나라를 세워 주십시오."

왕건은 나라 이름을 고려로 바꾸고 궁예와 다른 방법으로 나라를 다스렸어. 신라와 가깝게 지내며 신라 제도 가운데 배

울 것이 있으면 받아들였지. 또 나라 곳곳에서 백성들이 믿고 따르는 호족들과 결혼하여 백성들의 마음을 얻었어. 왕건은 스물아홉 번 결혼하여 스물다섯 명의 왕자와 아홉 명의 공주를 두었어.

왕건의 가장 큰 업적은 수도를 송악으로 옮기고 힘을 키워 936년에 후삼국을 통일한 거야. 한반도를 다시 하나로 만든 거지. 한반도를 통일하겠다는 왕륭의 꿈이 아들 왕건을 통해 진짜 이루어졌어.

고려 건국 이모저모

왕건은 왜 반란을 일으켰을까?
고려 건국의 중심에는 왕건이 있었어. 후고구려의 장수였던 왕건은 궁예를 임금으로 모시고 있었지만 반란을 일으켰지. 무슨 사연이 있었을까? 고려 건국 이모저모를 살펴보자.

#고려 건국의 배경

후고구려 장수가 고려를 세우기까지

왕건은 궁예가 아꼈던 신하로 많은 전쟁을 승리로 이끈 장수였어.

하지만 궁예를 몰아내고 새 나라 고려를 세워 임금의 자리에 올랐지.

왕건은 통일 신라를 거쳐 다시 세 개로 나뉜 후삼국 시대의

한반도를 통일한 사람으로도 잘 알려졌어.

따르던 임금을 내쫓다니, 왕건에게 어떤 일이 있었던 걸까?

다시 세 개로 나뉜 한반도 | 후삼국 시대

후삼국 시대는 신라의 힘이 약해진 9세기 말부터 10세기 초까지 한반도가 후고구려, 후백제, 신라로 나뉘었던 때를 말해. 위로는 발해가 있었지만, 한반도까지 힘을 미치진 못했지.

신라가 삼국을 통일한 다음에도 나라 곳곳에는 백제와 고구려를 그리워하는 백성들이 있었어. 그래서 궁예와 견훤은 신라를 배신하고 저마다 고구려와 백제를 이었다는 뜻의 후고구려와 후백제를 세워 백성들의 마음을 얻었어. 후고구려는 지금의 강원도와 경기도가 있는 곳을 다스렸고 후백제는 전라도와 충청도 지역의 한 부분을 다스렸어. 신라는 경상도 지역에 있었지. 궁예와 견훤은 저마다 한반도를 모두 차지하려고 했지만 결국 이루지 못했어.

후삼국 시대는 936년에 끝나. 후고구려가 있던 자리에 고려를 세운 왕건이 신라와 후백제를 차례차례 무너뜨려 다시 통일을 이루었거든.

통일 신라 말에 나타난 새로운 힘 | 호족

호족은 통일 신라 말과 고려 초에 궁궐과 수도가 아닌 지방에서 힘을 키운 새로운 세력을 이르는 말이야. 장군, 성주, 성수, 호걸처럼 다양한 말로 불렸어.

호족은 나라 곳곳에서 임금보다 더 큰 힘을 발휘하여 백성들을 이끌고 다스렸어. 권력을 쥐고 나라의 중심이 되는 임금과 궁궐로부터 독립하려고 했지. 중앙 귀족이 지방에 내려가 호족이 되는 경우도 있었어.

궁예와 견훤도 호족의 힘으로 새로운 나라를 세울 수 있었지. 하지만 궁궐에서 나라를 두루 다스리는 임금의 힘은 약해지고 우두머리를 하겠다는 사람이 넘쳐나니 나라가 어지러울 수밖에 없었어.

고려를 세운 뒤에도 호족들은 여전히 큰 힘을 가지고 있어서 왕건은 자기를 도와준 호족들에게 왕 씨 성을 주고 자기편으로 만들었어.

후고구려의 처음이자 마지막 임금 | 궁예

궁예는 통일 신라의 승려였어. 891년에 절을 나온 뒤 세 해 만에 3천 5백 명의 군사를 만들었을 정도로 사람들을 이끄는 힘이 뛰어났지. 점차 세력이 커지면서 궁예는 한반도를 자기 손에 넣고 싶다고 생각했어.

901년에 신라를 배신하고 후고구려를 세워 임금이 된 궁예는 신하와 백성들을 괴롭히며 못살게 굴었어. 자기를 미륵불이라고 부르면서 신으로 모시게 하고, 속마음을 꿰뚫어 볼 수 있다면서 죄 없는 사람들을 잡아들여 죽이기도 했지. 결국 궁예는 임금의 자리에서 쫓겨났고, 후고구려는 건국 열여덟 해만에 망하고 말았어. 백성의 마음을 얻지 못하면 강한 나라를 만들 수 없지.

궁예를 내쫓고 고려를 세운 장수 | 왕건

송악을 다스리던 지도자 왕륭은 도선대사의 말에 따라 북쪽에 집을 지은 뒤 877년 왕건을 낳았어. 왕건은 아버지 왕륭을 따라 궁예를 임금으로 모시며 후고구려의 장수로 활약하다 높은 자리까지 올랐어. 그러다 계속되는 궁예의 폭력을 막기 위해 여러 신하의 도움을 받아 반란을 일으킨 거야.

왕건은 궁예를 내쫓은 뒤 나라 이름을 고려로 고치고 어지러웠던 나라를 안정시키기 위해 힘썼어. 나라의 제도를 바로 세우고 936년에는 신라와 후백제를 무너뜨려 후삼국을 통일했지.

자손들이 고려를 잘 이끌어 나가길 바라며 열 가지 당부를 담은 《훈요십조》를 남기기도 했어. 《훈요십조》는 그때 고려의 상황이 어땠는지 보여 주는 귀중한 자료야.

왕건의 스승 | 도선대사

도선대사는 827년 지금의 전남 영암군에서 태어났어. 841년에 승려가 되어 동리산 태안사에서 공부했지. 864년부터 옥룡사에서 사람들을 가르치며 이름을 알리기 시작했어. 신라 헌강왕이 도선대사를 궁궐에 모셔와 가르침을 들었을 정도로 풍수지리를 잘 알고, 미래를 내다보며 신의 말씀을 전하는 일에 뛰어났어.

　도선대사에 얽힌 이야기 가운데 왕건의 탄생을 예견한 일이 가장 널리 알려졌어. 도선대사는 왕륭을 찾아가 집을 짓도록 하고 왕건이 태어날 것이라고 일러 주었지. 왕건에게 군사를 이끌고 전쟁에서 이기는 방법, 나라를 다스리는 방법을 두루 가르친 스승이기도 해. 《도선비기》 《옥룡기》와 같은 책을 썼지만, 지금은 전해지지 않아.

호족을 다스리는 방법 | 왕건의 결혼

왕건은 스물아홉 번 결혼하여 스물다섯 명의 왕자와 아홉 명의 공주를 두었어. 왕건은 왜 이렇게 많이 결혼했을까?

왕건의 결혼에는 정치적인 의도가 들어 있었어. 호족을 다스리는 방법 가운데 하나였거든. 호족들의 딸과 결혼하여 그 지방 세력과 백성의 마음을 얻어 임금의 힘을 강하게 만들었지. 수많은 결혼을 했던 만큼 재미있는 이야기도 많아. 왕건과 장화왕후가 처음 만난 이야기는 널리 알려져 있어.

어느 날 전남 나주에 간 왕건이 샘에서 물을 긷고 있던 여자에게 물을 달라고 했어. 여자는 버드나무잎 한 장을 물에 띄워 왕건에게 주었지. 물을 급하게 들이켜 체하지 말라는 뜻에서 그렇게 한 거야. 왕건은 상대를 배려하는 여자의 마음씨에 감동해 두 번째 아내로 맞이했는데, 그 여자가 장화왕후야.

고정욱 선생님과 함께 생각해 보아요

· 위기를 이겨내는 지혜 ·

왕건은 궁예를 내쫓고 고려를 세우기까지 고민을 거듭했어. 궁예가 아무리 백성을 힘들게 한다 해도 자기가 모시던 임금이었으니까 쉽게 저버릴 수 없었지. 그러다 가까이 지내는 장수들의 끊임없는 설득에 그는 반역을 저질러야 할지, 말아야 할지 결정해야 했어.

올바른 판단을 내리려면 무엇이 필요할까?

왕건은 올바른 판단을 내리기 위해 백성들이 겪고 있는 상황들을 여러 면에서 살폈어. 자기를 미륵불이라 부르며 죄 없는 사람들을 죽이는 궁예는 나라를 바르게 이끌어가기 어려웠지. 그래서 신하로서의 의리보다 백성을 살리는 일이 더 중요하다고 여겨 반역을 저지른 거야.

우리는 때때로 왕건처럼 옳고 그름을 판단해야 해.

왕건처럼 다른 사람의 이야기에 귀 기울이고 둘레를 살펴 상황을 바르게 이해할 수 있는 지혜가 필요해.

#역사한장면_되새기기

풀어 봐! 맞혀 봐!

고려 건국 이야기 잘 들었어?

다양한 문제를 풀면서 확인해 볼까?

1. 9세기 말부터 10세기 초까지 한반도가 후고구려, 후백제, 신라로 나뉘었던 때를 무엇이라 부를까? (   )

   ① 고려 시대　　　　　　　　　② 삼국시대
   ③ 통일 신라 시대　　　　　　　④ 후삼국 시대

2. 고려 건국에 관한 OX 문제야. 맞으면 O, 틀리면 X를 표시해 봐.

   • 후고구려가 있던 자리에 고려를 세운 사람은 궁예야. (   )
   • 왕건이 많이 결혼한 까닭은 지방의 호족을 다스리기 위해서야. (   )
   • 왕건은 궁예를 내쫓고 나라 이름을 고려로 고친 뒤 나라를 안정시키려고 힘썼어. (   )

3. 다음에서 설명하는 사람은 누구일까? (   )

- 통일 신라의 승려였어.
- 왕건에 의해 임금 자리에서 물러났어.
- 후고구려를 세웠지만 신하와 백성들을 계속 괴롭히고 못살게 했어.

4. 괄호 안에 들어갈 두 사람의 이름을 적어 봐. (㉠   , ㉡   )

(㉠)은(는) 풍수지리를 잘 알고, 미래를 내다보는 일에 뛰어났어. 왕륭에게 찾아가 집을 짓게 하고 (㉡)이(가) 태어날 것이라고 일러 주었지. (㉡)은(는) 궁예의 신하에서 고려 첫 번째 임금이 되었어.

5. 뜻에 맞는 낱말을 찾아서 바르게 이어 봐.

① 왕건의 두 번째 부인 ・　　　　　・㉠ 풍수
② 통일 신라 말, 고려 초 지방에서 힘을 키운 세력 ・　　　　　・㉡ 호족
③ 왕건이 자손에게 남긴 열 가지 당부를 담은 책 ・　　　　　・㉢ 장화왕후
④ 집이나 무덤의 위치나 땅 모양이 사람에게 복이나 화를 불러온다는 이론 ・　　　　　・㉣ 훈요십조

*정답은 99쪽에

#역사한장면_생각 쓰기

1. 아래 글을 읽고 내가 왕건이라면 장수들에게 어떻게 말했을지 적어 봐. 그렇게 대답한 까닭도 함께 적어 줘.

> "지금 임금 자리에 있는 궁예는 나라를 망치고 있습니다."
>
> 후고구려를 세우고 첫 번째 임금이 된 궁예는 스스로를 부처님이라고 부르며 자기가 사람의 마음을 꿰뚫어 보는 능력이 있다고 했어. 잘못이 없는 신하들과 백성들에게 죄를 묻고 벌을 내렸지.
>
> "우리는 당신을 새로운 임금으로 모시겠다고 결심했습니다."
>
> "_____
> _____
> _____"

그렇게 대답한 까닭

2. 왕건의 모습에서 배우고 싶거나 고쳤으면 하는 점을 적어 봐.
그렇게 생각한 까닭도 함께 적어 줘.

배우고 싶거나 고쳤으면 하는 점
그렇게 생각한 까닭

조선 건국의 시작
위화도 회군

조선 건국(1392년)
고려 임금 우왕은 최영의 말에 따라 요동 정벌을 계획해. 이성계가 반대했는데도 끝까지 밀어붙이지. 이성계는 요동 정벌을 위해 위화도까지 갔다가 위기를 겪고 군대를 돌려 고려로 돌아가. 개경에 도착한 이성계는 고려를 단숨에 장악하고 새 나라 조선을 세워.

▶ 역사 한 장면

위화도 회군

"말머리를 돌려라.
 개경으로 돌아가겠다."
놀란 군사들이 이성계를 쳐다
보았어. 그건 반역이었으니까.

이성계, 말머리를 돌리다

군사들이 위화도에 닿을 즈음부터 큰비가 내렸어.

강에 배를 띄우기 어려웠고, 덥고 습한 날씨에 군사들은 점차 지쳐 갔지.

위화도를 지나 압록강을 건너면 명나라 땅이었으니, 전쟁을 앞두고 불길한 일이 일어난 거야. 이성계가 군사들 앞에 나와 크게 외쳤어.

"말머리를 돌려라. 개경으로 돌아가겠다."

놀란 군사들이 이성계를 쳐다보았어. 임금의 명령을 어기고 돌아가는 건 반역이니까.

임금의 명령을 어긴 이성계

1388년 음력 5월, 평안북도 의주에 있는 위화도에 도착한 고려 장군 이성계는 깊은 고민에 빠졌어.

이성계는 임금인 우왕의 명령에 따라 명나라 요동 땅을 차지하기 위해 군사를 이끌고 있었지. 그런데 군사들이 위화도에 닿을 즈음부터 큰비가 내렸어. 강물은 배를 띄우기 어려울 만큼 불어났고, 덥고 습한 날씨에 군사들은 점점 지쳐 갔지.

위화도는 압록강에 있는 섬이야. 압록강 너머가 명나라 땅이었으니, 전쟁을 코앞에 두고 불길한 일이 일어난 거야. 이성계는 함께 군사들을 이끄는 장군 조민수에게 고민을 털어놓았어. 오래 이야기를 나눈 두 사람은 지금 명나라를 징벌하러 갈 수 없다고 마음을 굳혔어.

이성계는 군사들 앞에 나와 크게 외쳤어.

"말머리를 돌려라. 개경으로 돌아가겠다."

군사들은 깜짝 놀라 이성계를 쳐다보았어. 여기저기서 웅성거렸지. 아무리 상황이 어렵다고 해도, 임금의 명령을 어기고 돌아가는 건 반역*이니까 말이야.

  이성계가 임금의 명령을 어기겠다고 마음먹은 것은 비가 많이 내려 강을 건널 수 없었기 때문만은 아니야. 군사들을 이끌고 요동으로 향하기 전부터 이성계는 우왕에게 요동을 정벌하지 말자고 했거든.

  이때 고려는 신하들이 편을 갈라 싸우고 있었어. 중국 왕조가 원나라에서 명나라로 바뀌면서, 명나라와 친하게 지내자고 주장하는 편과 원나라를 몰아낸 명나라를 멀리해야 한다는 편으로 나뉘었지.

  이성계는 중국에 새롭게 들어서 힘을 키우는 명나라와 가깝게 지내는 것이 고려의 앞날에 도움이 될 거라고 생각했어.

  하지만 명나라를 싫어하는 장군 최영이 문하시중이라는 고려의 최고 신하 자리에 있었고, 임금인 우왕도 최영에게 힘을 실어 주었지. 최영은 이성계의 생각을 꺾고, 명나라를 멀리할

---

* 반역: 나라, 겨레, 임금을 배반하는 것.

방법을 찾아내. 마침 명나라는 고려가 과거에 원나라에게서 얻어 낸 북쪽 땅을 다시 내놓으라고 요구하고 있었어. 명나라의 요구를 전해들은 최영은 불같이 화내며 소리쳤어.

"그따위 요구를 받아들일 수 없다! 북쪽 땅을 빼앗긴다면 이를 시작으로 결국 고려의 모든 땅이 명나라 손아귀에 들어갈 것이다."

최영은 우왕에게 달려가 고려가 명나라를 먼저 공격해야 한다고 말했어.

"명나라가 우리에게 땅을 내놓으라고 하니 우리가 먼저 전쟁을 일으켜 그들의 땅을 빼앗고 물러가게 해야 합니다."

우왕은 고개를 끄덕였어. 고려에서 가장 뛰어난 장군 이성계와 조민수를 불러 명나라의 요동을 정벌하고 오라는 명령을 내렸지. 그러나 이성계는 명나라가 고려보다 훨씬 큰 나라일 뿐만 아니라, 덥고 습한 여름철에 군사들을 전쟁터에 보내면 전염병이 돌기 쉽다는 까닭을 들어 우왕에게 명령을 거두어 달라고 부탁했어.

"다 핑계일 뿐이다."

우왕의 마음은 변하지 않았어.

요동 정벌에 나섰다가 위기를 맞은 군사들

이성계는 군사를 이끌고 개경을 나섰어. 압록강에 다다라 많은 양의 비가 내리기 시작하자 부하 하나가 이성계에게 달려와 말했어.

"장군, 비가 그치지 않아 배를 띄울 수가 없습니다."

"위험해도 어쩔 수 없다. 서둘러 건너야 한다."

"병력에 문제가 생길 수 있습니다. 비가 그친 다음 움직이는 게 어떻겠습니까?"

이성계는 고개를 저으며 단호하게 말했어.

"비가 그쳐 적들이 우리 병력이 섬에 얼마 없다는 것을 알고 쳐들어오면 어찌 막을 것이냐? 위험을 무릅쓰고라도 배를 타고 군사들을 옮겨라."

"알겠습니다."

이성계는 일을 밀어붙이면서도 두려웠어. 고민을 거듭하다 군사를 함께 이끌고 온 장군 조민수와 의견을 나눴어.

"장군, 이를 어찌하면 좋겠습니까? 무리해서 명나라를 공격하려 들었다가는 우리가 질 것이 뻔합니다. 끝을 뻔히 아는 싸움을 계속해야 하다니요!"

조민수가 한숨을 쉬며 대답했어.

"그러게 말이오. 요동 정벌은 어렵다고 여러 번 고했건만, 임금께서 고집을 부리시니……. 우선 군사들이 무사히 강을 건너게 한 뒤 임금께 서찰을 보내는 게 어떻겠습니까? 나도 임금을 설득하는 데 힘을 보태겠소."

이성계는 내키지 않았지만 군사들과 같이 움직였어. 이기기 힘든 싸움이라고 해도 임금의 명령은 따라야 했으니까. 고려군은 밤새도록 배를 움직여 간신히 위화도에 도착했어. 모두 물에 젖은 생쥐 꼴이 되어 기운이 없었지. 생각에 잠긴 이성계를 부하 장수들이 다시 찾아왔어.

"장군, 강을 건너는 동안 수백 명의 군사가 물살에 휩쓸려 떠내려갔습니다."

"싸워 보기도 전에 군사를 잃고 말았구나."

이성계가 힘없이 답하자 장수들은 조심스럽게 말했어.

"게다가 언제 비가 그칠지도 알 수 없습니다."

이성계와 조민수가 이끌고 나온 군사만 3만 8천 명, 심부름꾼은 1만 1천 명, 말은 2만 필이 넘었어. 그런데 전쟁을 시작하기도 전에 큰 피해를 입은 거야. 비가 내려 땅은 질퍽했고 숨이 턱턱 막히는 무더위도 이어지고 있었지.

"그렇게 요동 정벌을 반대했건만, 임금과 최영 장군은 현실을 보지 않고 전쟁을 강요하니 정말 너무하지 않습니까?"

"지금이라도 그만두고 개경으로 돌아가는 것을 허락해 달라고 서찰을 보냅시다."

이성계와 조민수는 우왕에게 서찰을 보냈어.

며칠 계속된 비에 강이 넘쳐 수백 명의 군사가 휩쓸려 갔습니다. 강물이 너무 거셉니다. 힘들게 요동 땅에 이른다

하더라도 군량을 받기 어려울 것입니다. 이렇게 되면 앞으로도 갈 수 없고, 뒤로 물러날 수도 없습니다. 군사들은 싸워 보기도 전에 굶어 죽어 결국 전쟁에서 질 것입니다. 되돌아가야 합니다. 허락해 주십시오.

며칠 뒤 우왕에게서 답신이 왔어. 이성계는 우왕의 답신을 읽고 고개를 떨궜지.
"아, 그래도 나아가라 하시니……."
밤새 고민하던 이성계는 아침이 밝아 오자 조민수를 찾아가 말했어.
"임금은 뜻을 바꿀 생각이 없습니다. 결국 다 죽을 것입니다. 군사를 이끌고 되돌아가야 합니다."
"그렇게 해야겠소."
이성계의 굳은 의지에 조민수도 뜻을 같이했어. 군사들을 지키고, 편을 갈라 싸우며 기울어지고 있는 고려를 바로 잡아야겠다고 마음먹었지.

새 나라를 꿈꾸다

이성계는 장수들을 모아 놓고 우렁차게 외쳤어.

"요동 정벌을 멈추고 개경으로 돌아가려고 한다."

군사들이 술렁거리기 시작했어. 이성계는 침착하게 말을 이어 갔어.

"요동 정벌은 명나라 황제에게 죄를 짓는 일이다. 명나라에게 보복을 당한다면 백성들은 큰 고통을 겪게 될 것이다. 몇 번이나 임금께 정벌을 멈추어야 한다고 했지만 듣지 않았고, 최영은 옳고 그름을 판단하는 능력이 부족해 상황을 똑바로 보지 못한다. 나는 너희와 함께 개경으로 돌아가 나라를 바로 세우고자 한다. 그리고 임금 곁에 있는 최영을 물러나게 할 것이다. 내 뜻에 함께해 주겠는가?"

이성계의 말을 들은 군사들은 환호했어. 이성계와 조민수는 군사들을 이끌고 위화도에서 고려 땅으로 다시 돌아왔어. 열흘 만에 개경에 닿은 이들은 우왕에게 최영을 멀리해야 한다는 마지막 경고를 보냈지만, 우왕은 끝까지 듣지 않았지.

그리하여 이성계는 군사들과 함께 개경성을 무너뜨렸어. 개경성을 지키던 군사들은 끝까지 싸웠지만, 이성계의 힘을 이기지 못했지. 최영은 궁궐을 이리저리 숨어 다니다 얼마 가지 않아 군사들에게 들키고 말았어. 이성계는 최영을 멀리 귀양 보내고, 우왕을 끌어내린 뒤 공양왕을 임금의 자리에 앉혔어. 이성계는 나라를 움직일 권력을 손에 쥐었지.

요동 정벌은 물거품이 되었고, 고려는 크게 흔들렸어.

이성계는 명나라와 가깝게 지내며 고려의 지배 세력들을 차례차례 무너뜨렸어. 새 나라를 세우기 위한 기틀을 마련해 나갔지. 과전법을 통해 고려 귀족들의 경제적 기반을 무너뜨리고, 사찰이 쌓은 막대한 재산을 나라의 금고로 가져왔어. 또 불교가 아닌 유교적 질서를 중요하게 여겼어.

이성계가 펼친 개혁을 받아들이지 않고 저항하는 세력도 있었는데, 대표적인 인물이 정몽주였어. 정몽주는 끝까지 이성계를 따르지 않고 고려를 지키려고 했거든. 결국 이성계의 아들 이방원이 정몽주를 죽이고 새 나라를 반대하는 세력을 모두 잠재웠어.

위화도에서 회군하여 돌아온 지 네 해 만인 1392년, 이성계는 신하들의 추대를 받아 임금이 되었어.

그리고 1393년 2월에는 나라 이름을 고려에서 조선으로 바꾸었어. 474년 동안 이어졌던 고려 왕조가 34대 공양왕을 끝으로 역사 속에서 사라지고 새로운 나라 조선이 태어난 거야.

조선 건국
이모저모

역사가 바뀌는 결정적 순간은 언제일까?
이성계가 우왕의 명령을 어기고 위화도에서 개경으로 돌아가기로 결정한 순간 새 나라 조선은 태어나기 시작한 거야. 조선 건국의 이모저모를 살펴보자.

#새 나라 조선의 탄생

고려의 운명이 바뀐 순간

태조 이성계는 조선의 제1대 임금이야.

위화도 회군을 시작으로 개경에 돌아와 자기와 뜻이 달랐던 최영과

우왕을 몰아내고, 고려를 단숨에 장악했지. 이성계가 위화도에서

군사를 돌리지 않았다면 조선은 건국되지 않았을지도 몰라.

이성계의 이야기를 더 살펴볼까?

이성계가 끌어내린 임금 | 우왕

우왕은 고려 제32대 임금이야. 공민왕과 시녀 사이에서 태어나 궁 밖에서 살다가 공민왕과 왕후 사이에 아들이 없어 궁으로 들어왔지.

1374년 9월, 공민왕이 죽고 우왕이 임금의 자리에 오를 때부터 고려는 명나라와 사이가 좋지 않았어. 명나라가 우왕이 임금이 되는 것을 반대했거든. 고려 신하끼리도 명나라를 따르자고 주장하는 편과 멀리해야 한다는 편으로 나뉘었고 말이야.

우왕은 명나라를 멀리해야 한다는 최영의 말에 따라 요동 정벌을 계획했어. 이성계가 반대했지만, 끝까지 밀어붙여 임금의 자리를 지키려고 했지. 이성계가 고려를 장악한 뒤 우왕은 강화도로 보내졌다가, 이성계를 죽이려 했다는 의심을 받아 강릉으로 옮겨졌어. 강릉으로 간 다음 달에 그곳에서 죽임을 당했어.

요동 정벌에 반대하는 네 가지 까닭 | 사불가론

우왕이 명나라를 정벌하라고 명령했을 때, 이성계는 네 가지 까닭을 들어 정벌하지 않는 쪽으로 우왕을 설득해. 이를 '사불가론'이라고 불러.

첫째, 작은 나라가 큰 나라를 거스르는 것은 옳지 않다.
둘째, 여름에 군사를 움직이는 것은 옳지 않다.
셋째, 국력을 기울여 요동을 정벌하면 외적이 쳐들어올 위험이 크다.
넷째, 무더위와 장마철로 인해 활의 아교[*]가 녹아 풀어지고 군사들은 전염병에 걸린다.

그러나 사불가론은 받아들여지지 않았고, 우왕의 뜻에 따라 이성계와 조민수는 군사들을 이끌고 명나라를 정벌하는 길에 오를 수밖에 없었지.

[*] 아교: 짐승의 뼈나 가죽을 고아서 만든 풀.

명나라를 멀리하고자 했던 장군 | 최영

최영 장군은 고려 말 대표적인 무신으로 고려와 임금을 지키려고 애쓴 충신이었어. 외적의 침입에 앞장서 싸우며 고려를 지켰고, 홍건적이 반란을 일으켰을 때와 왜구가 쳐들어왔을 때 물리친 공이 컸어. 정직하고 청렴한 사람으로도 알려졌지. 가지고 있던 재산마저도 부하들을 위해 쓸 정도로 욕심도 크지 않았고 말이야.

하지만 나라 밖 상황이 어떻게 흘러가는지 바르게 알고 빠르게 판단하는 데에는 부족했어. 요동 땅을 차지하고 있었던 원나라가 무너지고 명나라가 세워졌는데도 계속 원나라와의 의리를 지켜야 한다고 주장했지. 그래서 명나라를 따르며 새롭게 힘을 얻은 세력과 갈등하다 결국 무너지고 말았어. 그럼에도 그의 충성심과 용맹함은 오랜 세월 동안 존경받고 있어.

압록강 중간에 위치한 섬 | 위화도

위화도는 압록강에 있었던 섬이야. 압록강은 중국과 한반도의 경계를 이루는 강으로 한반도에서 가장 길지.

위화도는 명나라와 고려를 오가는 길에 자리해 있어서 군사적으로 중요한 곳으로 쓰였어. 고려 군대가 요동 정벌을 위해 위화도까지 들어왔다가, 이성계가 군대를 돌려 고려로 돌아가기로 결정하면서 역사적인 장소가 되었지.

이성계가 위화도에서 말머리를 돌린 일을 '위화도 회군'이라고 해. 지금은 강물의 흐름이 변하고 땅의 모양이 달라지면서 섬의 흔적을 거의 찾아볼 수 없어. 위화도의 정확한 위치도 역사적인 기록을 통해 짐작할 뿐이야.

이성계에게 힘을 보탠 인물 | 조민수

조민수는 고려 말 무신이자 정치가로 이성계와 함께 위화도 회군을 이끌었어. 나라가 뒤숭숭한 상황 속에서도 뛰어난 능력으로 군사를 지휘했지. 우왕은 조민수와 이성계에게 요동 정벌군을 이끌라고 명령했어.

조민수는 위화도에서 다시 개경으로 돌아가야 한다는 이성계의 말에 힘을 실어 주었어. 조민수의 도움으로 위화도 회군은 성공적으로 이루어졌어. 이후 조민수도 나라를 움직일 만한 큰 힘을 가지게 되었지.

하지만 이성계가 자기 힘을 강하게 넓히면서 조민수의 자리는 점점 위태로워졌어. 새 나라의 왕조를 세우는 과정에서 권력이 이성계에게 집중되었기에 어쩔 수 없었어. 이성계는 강한 왕조를 세우려고 같은 편이었던 사람들까지 경계했거든.

조선 건국 이모저모

마지막까지 고려를 지킨 충신 | 정몽주

정몽주는 고려 말 학자이자 정치가로, 끝까지 고려를 배신하지 않았어. 우리에게는 강인한 마음을 가진 충신으로 잘 알려져 있어. 어릴 때부터 학문에 뛰어나서 성리학을 잘 알았는데, 이를 통해 고려의 밑바탕을 세우는 데 힘썼어.

이성계는 정몽주를 자기편으로 끌어들이고 싶었어. 뛰어난 지식을 가지고 있으니 새 나라를 세울 때 큰 도움이 되리라고 생각했거든. 그러나 정몽주는 이성계의 제안을 끝까지 거절하면서, 고려에 대한 충성을 노래한 '단심가'를 지었어.

정몽주가 이성계 편으로 돌아서지 않자, 이성계의 아들 이방원은 1392년에 자객을 보내 선죽교에서 정몽주를 죽였어. 정몽주의 올곧은 모습은 나라의 운명이 바뀌는 혼란스러운 시대에 많은 사람에게 큰 울림을 주었지.

고정욱 선생님과 함께 생각해 보아요

• 개혁을 위한 설득의 능력 •

어떤 일이든 성공적으로 이루려면 끈기, 인내, 지혜, 추진력처럼 여러 가지 조건이 있어야 해. 그리고 중요한 또 하나! 나와 생각이 다른 사람들을 설득할 수 있는 능력이 필요해. 누군가를 설득하려면 내가 주장하는 바가 왜 옳은지 상대가 이해할 수 있게 근거를 보여주고 구체적인 예시를 들어야 하지.

상대를 설득하려면 무엇이 필요할까?

이성계는 요동 정벌을 반대하며 사불가론을 들어 우왕을 설득해. 정벌에 나가서도 서찰을 보내 군사들이 지금 얼마나 어려운 상황에 처해 있는지 알리지만 설득에 실패하지. 대신 이성계가 펼쳤던 주장들은 다른 장군과 군사들의 마음을 얻는데 큰 힘이 돼.

같은 마음을 이끌어 내기 위해서는 논리적으로 이야기할 수 있는 지혜가 필요해. 혼자 하는 일에는 한계가 있기 마련이니까.

#역사 한 장면_되새기기

▌풀어 봐! 맞혀 봐!

조선 건국 이야기 잘 들었어?

얼마나 잘 들었는지 다양한 문제를 풀면서 확인해 볼까?

1. 이 사람은 고려 제32대 임금으로 최영의 말에 따라 요동 정벌을 계획해. 이 사람은 누구일까? (   )

   ① 우왕　　　　　　　　　　② 명종
   ③ 공민왕　　　　　　　　　④ 태조

2. 다음에서 설명하는 사람은 누구일까? (   )

   - 고려 말 대표적인 무신이었어.
   - 홍건적이 반란을 일으켰을 때, 왜구가 쳐들어왔을 때 고려를 지켜 공을 세웠어.
   - 원나라와의 의리를 지켜야 한다는 생각에 명나라를 따르는 세력과 갈등하다 무너지고 말았어.

3. 우왕이 요동 정벌을 명령하자 이성계는 '사불가론'을 들어 반대해. 다음 사불가론의 빈 칸을 채워 봐.

> 첫째, 작은 나라가 큰 나라를 거스르는 것은 옳지 않다.
> 둘째, _____
> 셋째, _____
> 넷째, 무더위와 장마철로 인해 활의 아교가 녹아 풀어지고 군사들은 전염병에 걸린다.

4. 뜻에 맞는 낱말을 찾아서 바르게 이어 봐.

   ① 조선 제1대 임금의 이름 · · ㉠ 반역
   ② 나라, 겨레, 임금을 배반하는 것 · · ㉡ 조민수
   ③ 이성계와 요동 정벌에 나섰던 고려 말 무신 · · ㉢ 이성계
   ④ 위화도에서 이성계가 고려로 군대를 돌린 일 · · ㉣ 위화도 회군

5. 다음 중 틀린 설명 하나는 무엇일까? ( )

   ① 이성계는 불교가 아닌 유교적 질서를 중요하게 여겼어.
   ② 우왕은 요동 정벌을 계획했고 이성계는 정벌에 반대했어.
   ③ 이성계는 요동으로 향하다 평양에서 고려 땅으로 다시 돌아왔어.
   ④ 고려 말 학자이자 정치가 정몽주는 끝까지 고려를 배신하지 않았어.

*정답은 99쪽에

#역사 한 장면_**생각 쓰기**

1. 아래 글을 읽고 내가 이성계라면 조민수에게 어떻게 말했을지 적어 봐. 그렇게 말한 까닭도 함께 적어 줘.

> 위화도에서 위기를 맞은 이성계와 조민수는 우왕에게 서찰을 보내 요동 정벌을 그만하게 해 달라고 요청하지만 거절당해.
> 며칠 뒤 우왕에게서 답신이 왔어. 이성계는 우왕의 답신을 읽고 고개를 떨궜지.
> "아, 그래도 나아가라 하시니……."
> 밤새 고민하던 이성계는 아침이 밝아 오자 조민수에게 말했어.
>
> "_____
> _____
> _____"

그렇게 대답한 까닭

2. 조선 건국 이야기에서 가장 기억에 남는 장면을 골라서 적어 봐.
   그 장면을 고른 까닭도 함께 적어 줘.

   가장 기억에 남는 장면

   그 장면을 고른 까닭

#역사 한 장면_되새기기_**정답**

▌답을 확인해 봐!

나라의 탄생에 관한 문제 잘 풀었어?

답안을 보면서 얼마나 맞혔는지 확인해 볼까?

틀린 문제가 있다면 내용을 다시 한번 살펴보면서

어떤 부분을 놓쳤는지 찾아봐.

발해 편

1. ③
2. ㉠ 걸걸중상 ㉡ 걸사비우
3. ①
4. 천문령 전투
5. ①-㉡, ②-㉣, ③-㉠, ④-㉢

고려 편

1. ④
2. X, O, O
3. 궁예
4. ㉠ 도선대사 ㉡ 왕건
5. ①-㉢, ②-㉡, ③-㉣, ④-㉠

조선 편

1. ①
2. 최영
3. 여름에 군사를 움직이는 것은 옳지 않다.
   국력을 기울여 요동을 정벌하면 외적이 쳐들어올 위험이 크다.
4. ①-㉢, ②-㉠, ③-㉡, ④-㉣
5. ③

고정욱이 들려주는
역사 한 장면 ① 나라의 탄생

2025년 4월 10일 1판 1쇄 펴냄
글 고정욱 | 그림 김주경

편집 석수영, 최맑은샘
디자인 이종희 | **제작** 심준엽
영업마케팅 심규완, 양병희, 윤민영 | **영업관리** 안명선
새사업부 조서연 | **경영지원실** 차수민
인쇄와 제본 (주)상지사 P&B

펴낸이 유문숙 | **펴낸 곳** (주)도서출판 보리 | **출판등록** 1991년 8월 6일 제9-279호
주소 (10881) 경기도 파주시 직지길 492
전화 031-955-3535 | **전송** 031-950-9501
누리집 www.boribook.com | **전자우편** bori@boribook.com

© 고정욱, 김주경 2025

이 책의 내용을 쓰고자 할 때는, 저작권자와 출판사의 허락을 받아야 합니다.
잘못된 책은 바꾸어 드립니다.

값 13,000원

보리는 나무 한 그루를 베어 낼 가치가 있는지 생각하며 책을 만듭니다.

ISBN 979-11-6314-409-0 (74910)
　　　979-11-6314-408-3 (세트)

제품명 도서　**제조자명** ㈜도서출판 보리　**주소** (10881) 경기도 파주시 직지길 492　**전화번호** (031) 955-3535
제조년월 2025년 4월　**제조국** 대한민국　**사용연령** 10세 이상　**주의사항** 책의 모서리가 날카로우니 다치지 않게 주의하세요.
KC 마크는 이 제품이 공통안전기준에 적합하였음을 의미합니다.